Seli Ka

UNA LANCHA MOTORA

EDITORIAL CUADERNOS DEL LABERINTO
—ANAQUEL DE POESÍA, nº 150—
MADRID • MMXXV

De la edición © CUADERNOS DEL LABERINTO
Derechos exclusivos de esta edición en lengua española:
© Cuadernos del Laberinto

www.cuadernosdelaberinto.com

De la obra © SELI KA

Directora de la colección © ALICIA ARÉS

Del prólogo © GUILLERMO CARAZO
Corrección ortoestilística © LUCÍA COUTO CANCELA
Ilustración de cubierta © LUCAS ZAPARDIEL

Diseño de la colección © Absurda Fábula
www.absurdafabula.com

Impreso en España por Copias Centro

El papel utilizado para la impresión de este libro, fabricado a partir de madera procedente de bosques y plantaciones sostenibles, es cien por cien libre de cloro y está clasificado como papel reciclado.

Primera edición: ABRIL 2025

I.S.B.N: 979-13-87751-02-9
Depósito legal: M-7737-2025

www.cuadernosdelaberinto.com

BAJA LABORAL

POR GUILLERMO CARAZO

Nadie sabe lo que soporta un papel. Un verso, un árbol. Usted ha sufrido un politraumatismo severo. Me llega ese mensaje a la par que la propuesta de hacer este prólogo. Tres metros y pico de altura. Un porrón de kilonewtons contra el suelo. ¿Qué más da el número? ¿Qué más dan los números? Tengo un radio roto, la espalda hecha un Cristo, un trauma por desarrollar, un prólogo que hacer y una baja laboral de varios meses. A veces son más duras las altas que las bajas, dice Seli. Pues aquí estoy, con 150 de fentanilo en vena para no sentir. Se me olvida hasta respirar. Respira. Respiro profundo, no suelto el aire. Me leo *Una lancha motora* y empiezo a escribir esto con la mano izquierda. Aparecen dos policías, toman atestado a un tipo que dice que viene de un duelo a machetazos. El relato claramente es ficticio. Intento ver su estado. No puedo elevar la vista, trato de incorporarme, me mareo: arcadas. La enfermera me pone los pies en alto.

Pienso dos líneas. Imagino a Seli divirtiéndose. Me duele, pido algo más para el dolor, ya no me dan fenta, dicen que es peligroso. Si quieres más, vete a la Cañada Real, me dice la enfermera de urgencias. Me dan otra cosa.

Quisiera ser una de las _ _ _ del teléfono de Seli para conocer el mundo a través de sus ojos. Quisiera ser líquido y evaporarme a través de su twerk.

En los pliegos de este poemario hay sudor, de ese que se impregna en las paredes del club. De ese que ninguna IA va a provocar jamás mediante una secuencia de estúpidos y calóricos prompts que pretendan generar un poema a una flor. No puedes hipotecarte en una flor. No puedes comprar una flor. Tampoco este poemario.

Este poemario no puedes tenerlo.

La autora de la lengua bífida te permite que compartas la tensión del papel con ella. Que te cuestiones tu jaula anatómica con ella. Que te arrepientas diariamente de no haber nacido caballo. De no ser una de las flores que ingiere para poder conocer el mundo a través de sus ojos. De no poder evaporarte en una carrera a través de sus pliegues.

No sientas pudor. Este es el sudor. Y puedes lamerlo por dentro.

SELI KA

UNA LANCHA MOTORA

HAY una mujer
una chica en el baño
mirándose en el espejo de frente
no se maquilla ni se peina
se prepara.
Está muy quieta
clavada en sus ojos
apoya su peso en el lavabo
se queda recta un rato.
Creo que ella
solo podría estar haciendo esto ahora.

¿Quién dedica tanto tiempo
a encontrarse
en los baños encharcados del intercambiador
de una ciudad como esta?

Se está retando
dándose otro ultimátum
en falso
con una claridad que asusta

y que me hace no lavarme las manos
junto a ella
todo el tiempo que desearía
sino correr a escribir esto
como si pudiese sacar una perla
de su momento
como si este poema
fuese a contar algo.

Hay momentos
que existen solo
para sí mismos.
Ni la música
ni el pensamiento
ni la poesía
pueden extraer su verdad.

AYUDA

No sé si atribuir
este derroche de incontinencia verbal
y de fluidos
a una niñez distendida
o a una vejez prematura.
No sé si mis piernas
se inquietan por levantarse
o por mantenerse en la silla.
No sé si el pastillero rosáceo
me devuelve al útero
o dosifica mi muerte
si este rechinar de pequeños huesos
significa fiesta o procesión
si soy mueca sin dientes
o la eterna plañidera
si necesito bastón
o caminar siempre a gatas.

Mi dedo en la boca pide leche
no sé de qué tipo,

mi deseo de ser acunada
se vierte
en ramas y esquinas
y este olor a hospital
me coloca en el sitio incierto
desde donde se nace
y desde donde se muere.

¿Alguien puede decirme qué edad tengo?

QUISIERA ser ese tipo de persona que habla
con los árboles.
Quisiera elevar mis talones
y dominar la geometría.
Conocer todos los olores
de esos botes verdes de mercadillo
y haber tenido alguna cita con la estrella
como quien la tiene
y presume de una nueva y profunda amistad.

Quisiera regalar mi voz al aire
sentarme durante horas en la punta de una colina
dejarlo todo al ritmo de la espera
y volver tranquilamente a casa.
Cocinar despacio
sin probar bocado antes
de preparar la mesa
con mimo y detenimiento.
Y cenar distendido y pensar.
Y dormir de verdad, de verdad,
de verdad.

Y no ser
ese tipo de persona
que espera al amanecer cuando sale
para dialogar con el endemoniamiento
abandonada a cualquier suelo
con tres líneas encima de un teléfono
poseyendo todos los olores
tirando de verdes
y forzando una cita
con algún mellado majeras
como augurando
un polvo de mierda.

Quisiera, simplemente,
llegar a casa con voz
y abandonarme a la normalidad
sin leer el desconchado de mi techo
durante cuatro inquietantes horas.

Reconciliarme con la nevera
no creerme un tiburón
mimarme, tenerme
y pensar por decisión
y no por consecuencia:

«¿Qué tal estará el perro de mi tía?».
«No debí haberle dado un euro a la chunga esa».
«El gotelé me oprime».
«Todo el vecindario sabe lo que hago».

DÓNDE quedamos los inciertos
las desviadas
las problemáticas
los fraudes
sino en películas exóticas
muros de Facebook
diálogos condescendientes
o féretros.

Dónde vuestras promesas,
nuestras promesas.

Mi casa con jardín
mi perro vacunado
dónde mi crucero
dónde mis vacaciones
dónde Nueva York.

Decidme
por qué este sofá comprende mi forma
mejor que mi propio cuerpo

por qué mi sombra huye
y las cafeterías me sirven café
sin yo haber hablado siquiera.

Dónde está mi marido
mi embarazo joven y envidiable
mi salud
mis patrocinios
dónde Latinoamérica
dónde mis músculos
dónde el yoga
y el vino
y el pedo
y el lunes
y las risas vacilonas
porque vaya finde.
Dónde el fin del deambular.

¿A dónde se llega donde decido yo?
¿Y dónde que no sea fuera de aquí?
Que no me quiero ir,
no me quiero ir.
¿Dónde vamos los que no queremos irnos?

MENORCA

Está pasando, es ahora.
Todo preparado.
La tormenta ha destrozado lo justo del jardín
hemos comprado fruta y cosas peores,
el aire recupera esa calma.
Los poemas de estos días
ocupan el cuaderno
tachones vehementes
ideas tiñéndose
un mapa y un teléfono
bien
todo en su sitio.

Los reflejos son los de siempre
más o menos es el mismo agua
solo esta frase sujeta a debate,
podríamos discutirlo.

Las hojas
los pétalos
las escaleras

los toldos
el mismo descuido perfecto.

Es ahora
los perros ladran
ahora
el plan es real.
Estoy aquí, sola
y lo inspirador era pensarlo.
Ahora
lo inspirador es el recuerdo
la lógica
el cielo que se declara en guerra
con mi aterrizaje.
Primero el cascabel
y luego el gato,
no hay nada en contra.

El futuro se concreta
con pistas del pasado
y la frase que viene
resulta ser
un compromiso terrorífico:
más claridad es imposible.

AQUÍ el amor
que renace aun mutilado
sin rencor.
Atropella
nos desplaza de acantilado
sin dejarnos calcular la altura,
no asegura una muerte segura
ni un dolor.

Aquí el cuerpo
total e incapacitado
que solo sabe de hierba fresca
migas de pan en la mesa
delicado
como de cine
entregado a cada guerra
sin haber aprendido nada
con el mismo frescor
dispuesto al mismo fallo.

El amor
que nos hace inocentes

nos disfraza
y nos insufla de un talento especial
haciéndonos únicos
para otros ojos.

Mira cómo va
hacia otro precipicio
otro cruce
otro bar
inundando de futuro
las grietas de esos dos cuerpos
que se miran por vez primera
pronunciando sus nombres
como recuerdos
como oraciones.

Mira lo que les hace
despliega un velo entre circunstancias
engaño
encantamiento
se acercan creyendo ser uno.

Mira lo que proponen
levantar puentes entre lunares
la unión oral

tacto de sangre
irse de ahí juntos.

Se va desgranando,
el cerebro aprende a latir
pero no late.
Los deja solos,
la razón ocupa
el sillón ahora
tiñéndolo todo con sus historias
haciendo terapia de grupo
convenciendo
planeando.

Directamente proporcional
la despedida del amor
con el entrenamiento resistente del cerebro
que se dice:
«te quiero»,
«yo te quiero»,
nublado como recuerdo
ciego como oración.

A UNA flor no se le grita.
A una flor no se le pide que nazca.
Se puede llorar sobre una flor
rogar compasión a una flor
pero siempre por debajo de la flor.
Uno se rinde a una flor
aunque la arranque para quitarle los pétalos
aunque la pise
o la ahogue tumbándose encima de ella
y toda su familia.
A una flor no se le gasta una broma
porque no la entiende.
A una flor no se le pide amor
porque no lo tiene
porque no lo tiene nadie
como tampoco el aire tiene a la lluvia
aunque la lluvia lo atraviese para llover.
Nadie le pide favores a una flor
nadie intercambia nada con una flor
nadie fabrica intereses con una flor.
La flor está.

La flor está quieta
con sus cosas de flor
su esencia de flor
siempre más pequeña que tú
y más contundente.
Es estoica la flor
y no se puede sacar beneficio de una flor
aunque compres la flor
y vendas la flor
y la lleves a los hospitales
o a los cementerios
o a los cumpleaños.
No puedes comprar una flor
aunque reproduzcas la flor
y te hagas un florero o un campo.
A una flor no se le pone rostro
ni genio.
Una flor no gime
ni mata.
No tiene bebés una flor
no le crece la tripa a una flor
ni se deprime una flor.
A una flor no se le pide que cante

y sigue viva la flor
aunque no pueda cantar.
No sabe que no puede cantar una flor
solo tiene colores
y formas
y olor.
Una flor no piensa
una flor no se lía
una flor no supera sus miedos.
No tiene fantasmas una flor
ni dilemas morales
ni contradicciones
o deseos impíos.
No tiene vergüenza la flor
ni memoria
así que no escribe su autobiografía una flor
ni da consejos de flor una flor.

No da nada una flor
porque no tiene nada una flor.
Tan fácil una flor.
No sé qué hay más cierto que una flor,
más salvable que una flor.

SIN SABER quién soy
me aferro a lo nuevo
y me juzgo por todas mis acciones
mi exceso mi inutilidad:
todo lo hago mal.

Qué es lo que soy
si encuentro significante mi vestir
si atiendo a lo que la ropa ajena me susurra
y voy haciendo literatura
sobre la superficie de las personas.
«Ese maltrata,
esa es tonta
y esos de ahí, planos del todo».

He dejado de identificar
cuál es mi voluntad real:
qué es lo que quiero.
Ahora quiero
lo que quiere el resto
y no sé qué hacer con este cuerpo

si odiarlo o amarlo
o remediarlo.
No sé si taparlo
si avergonzarme
o si enseñarme sin pudor
y llenarme los pliegues de licor
para que os hidratéis de mí.

Entonces ando en la duda
y no me puedo querer
porque no os puedo querer
con esas ropas sádicas;
y ya no sé si es mi carne
mi sudor mi pelo
si soy yo o es el resto,
no sé si rajar algo
para ver mi fondo
o si pediros que me dejéis lamer
vuestros pantalones por dentro
porque esta indecisión me balancea entre
crear el cuerpo que quiero ser
o crearme en el cuerpo que soy.

TENER UN cuerpo es un trabajo.
Se madruga
se explota
se contamina y después se cuida
se taladra
se decora.

Tener un cuerpo es ser carente
es encontrarte con unos ojos
que no son tuyos
para robarlos.
Hundir la mano en el intercostal
sacarla por el otro lado
mojarse las pestañas con ese jugo
pellizcarse las mejillas
chuparse los labios secos
y sonreír.

Tener un cuerpo es
participar de todas las etapas de un imperio
que la memoria resume en ilusión

expolio
y derrumbe.

Es pararse en frente de casa
con los pantalones encharcados.
No saber ubicar el pinchazo.
Entregarse a la camilla
para poder por fin contar algo.
Ocupar un espacio
y caminar.

Tener un cuerpo es buscar otro cuerpo
anhelar otro cuerpo
desear otro cuerpo.

Tener un cuerpo es no tenerlo
es pinchar el propio cuerpo
para tener certeza de él
y olvidar desaparecer.

Sin triunfo pero con cuerpo
sin hambre pero con cuerpo
sin recuerdo de haber nacido
pero con cuerpo que corrobora

haber salido de otro
para empezar.

Tener un cuerpo
es lo primero y lo más difícil.
Toda forma que haga pensar
que ahí dentro vive alguien.

QUERRÍA HABLAR a las personas como hablo a los perros
y hablar con los perros
como hablo con algunas personas.

Dejar que llegados a un punto
me chupen la cara
y me besen el culo.
Pasear al vendedor de pollos
en la alegría del sol de enero
con una correa al cuello.
Comer tumbada en el suelo
con la cara
con las babas sobre el plato
mientras alguien me explica lo bonita que soy.

Querría ser penetrada por los ojos
con los ojos
de todos los perros del mundo
y adivinar
por fin
su deuda con el hombre.

ME QUIERO tirar al monitor de pesas:
el peor.
Lo quiero hacer con mucha rabia,
con dolor y agresividad
en plan no te escucho
y si te duele mejor.
No me gusta ni su cara
ni su cuerpo.
Sus ojos sí me gustan,
me gustan mucho.
Son profundamente oscuros,
piensan hacia dentro
mientras miran hacia fuera.
Él tiene una mirada doble
toca todo lo que tiene cerca
los aparatos y los cuerpos.
Explica las cosas
con algo parecido al asco
y siempre saluda
dedicando cuatro segundos

de un reto apagado,
antiguo.
Quiero que le cuente a todo el mundo
lo horrible y novedoso
que fue nuestro sexo.
Un tipo de fantasía deforme y fracasada
como toda fantasía
que se ejecuta en la tierra.

Yo me llamo Mía
tú te llamas Lorenzo
yo sudo el triple que tú
tú pesas todo lo que necesito.
Lorenzo ferretero
Mía electricista
con los dedos adentro
electrocutándose
electrificándose
y todo lo que electrocardiograma
y eso.
Mulas de carga
tan iguales
tan pegadas
ladrillos lanzados al aire con alas no caen.

LAS TIPO 4
conformes en su tristeza
perturbadas en la esquina
hacia donde todos se giran
mundanas
extravagantes en su preciosismo
anhelan odiar
puntualizan sobre todo de lo que carecen
acumulan belleza y misterio
tienen un hueco en todo lo peculiar.

Las tipas 4
mujeres tirando a oscuro
regodeadas en el cliché
agarran las palabras
las notas los pasteles
se arremolinan en la alcoba
con sus dolores
sus ríos
sus piscinas de plástico

coágulos
palmas
génesis defectuosas
su estampa doblada
su no ser y ser otra
su excepcionalidad y su arrebato
y
siendo potencia en el orden de la historia del universo
concentran su fuerza en no comer más
buscan en Google la causa de su muerte
y compran otros cuatro libros para recuperarse.

AVIGNON ESTÁ BIEN

Ya han pasado días.
La gente camina en todos los países
ponen un pie delante del otro
pero no es eso en lo que piensan.

Endurecen el gesto cuando hay sol
se esconden, si pueden
o se mojan en las fuentes.

En verano hay menos reglas
aflojamos el comportamiento
y cambiamos el orden
el tiempo
de lo que hacemos
para sentir un poco el caos
un poco la locura
y recordar todo esto cuando apriete el invierno.

Me siento en este café
de sillas redondeadas de mimbre
y veo pasar a la gente.

Caminan
se dirigen
vagan
respiran
relajan el gesto
inhalan
sobre todo las parejas jóvenes
exhalan
pero ellos no piensan en esto.

Pienso en robar
en todos los sitios en los que consumo
sentir algo
darle sentido.

Rehúyo a mi familia
no les hablo
no les contesto,
los transeúntes son perfectos
están ahí
no me reclaman
figuritas en movimiento
una moto una bici un carrito de bebé
—no veo al bebé—
una chica caminando hacia atrás

está pasando
de verdad
hacen tantas cosas
sus neuronas
sus estómagos
sus antebrazos
sus dedos tramando el pelo
formando bucles y otras formas indescifrables,
y es curioso que no piensen en eso.

Café es más fácil de pronunciar que vino
y que cerveza, por supuesto.
«No» se entiende en todas las lenguas
paradójico e inquietante.

Alguien quiere alquilar un garaje,
alguien vende una pieza de teatro
con un flyer un poco penoso.
Miro el teléfono por décima vez
para saber si me has contestado
a la canción que te envié por la mañana,
un poco penoso también
—pienso.

En verano no se echa de menos,
se espera.

Las horas se convierten
en una masa pesada
de harina y agua
que te persigue.

Y si en este momento desaparecieran
las mesas de imitación de mármol
las sillas redondeadas de mimbre
la fachada del bar
el bar
los edificios
los tiestos y las plantas
los carteles
las ventanas
el suelo
y todas las personas de este trozo de calle
nos pusiéramos de acuerdo
dejásemos de vender
de escribir
de hablar
para mirar al cielo.

Pero nada de eso pasa,
me voy sin pagar el café.

UN CHAVAL lleva «Gloria Fuertes» tatuado en el pecho
no asume que haya tías en tetas en la playa
y tú todavía crees que la ficción nos supera.

Es verano.
Se escucha un grito desde el mar
directamente de un yate
dice:
«no me gusta mi vidaaaaaa».

Qué fácil este poema
alegato de evidencias
ahora me disculparé.

En mi cabeza
discuten sobre mí
ese grupo de italianos gritones.
Me gusta que se expresen con intensidad,
pareciera que hablan
sobre la erosión del trabajo asalariado
sobre sus cuerpos.

Seguramente, por qué no
ni siquiera me están mirando.

Traigo la mochila llena de libros mojados
poesía y un ensayo de tapa roja
tumbo al sol a mis hijos.

Mi empleo
alejarme un rato
interpretar discusiones en otras lenguas
basar el día en perseguir el sol,
¿en qué mesa vacía me sentaré esta noche?

En contra tengo
la justicia y el orden de la historia
a favor
el látigo del tentáculo azul de la creación.

Acentos me cercan
llevo sin hablar todo el día
la extranjera soy yo.

ME VAN a encontrar
comiendo cacahuetes en un bar
buscando una biografía en el teléfono
olvidándome de algo
entre familias cenando pizza
y camareros cansados
con un triste traje de pingüino.

Qué leve todo ahora
el ocio y la edad.
Lo de perseguir la unicidad
es esto
lo de la belleza de lo cotidiano
es esto
masturbarse y salir a dar un paseo,
no quiero trabajar
quiero dinero.

«Puedes hacer un plano con tus manos
mirá, esto es cine
elige el encuadre y pestañea».

Se sienta en la mesa de enfrente
me mira
chupa la cucharilla del café
manda un audio a Candela
joder
podría pasar cualquier cosa.
Se toca las uñas,
manda un audio a Tamara.
«Gracias a vos, Agustina
¿por qué?
no importa por qué
lo importante es que
gracias a vos, Agustina».

Todo perfecto.

Antes de irse
me dedica unas frases
sobre la elección de mi cerveza
yo sonrío y pienso «gracias».

EN EL bus
una niña guarda sus apuntes
«El Hombre y las Leyes».
En la plaza
una guitarra invisible
un perro con un collar
«I LOVE food».
Montañas de sedimentos
colores con millones de años
alguien canta:
«casa nueva, yo soy feliz...».
Cenaremos una sopa
el algarrobo está iluminado
tiene un rostro en la corteza.
Las parejas se miran a los ojos en silencio
alguien dice muchas
«cosas in english».
Son igual de invasores que yo
y más peligrosos.
Bebemos cerveza con limón
y no decimos nada.

TIENES QUE irte a casa a escribir esto
y resulta que estoy viva.
Lo de la fiesta fueron
diálogos tan fluidos
guiones,
maravillosas intervenciones anoche.

Lo más importante es
aniquilar la socialdemocracia
la melatonina
la historia de la humanidad
en boca masculina
Europa
la danza y el apropiacionismo
dosificar los vicios
esas arrugas chinescas que os salen al reíros.

Es bonito envejecer cuando no te pasa.

ESTOY borracha
viendo cómo una bolsa
es atropellada por varios coches
en calle Corrientes,
un baile bello.

Cenamos maní,
algo que no sé qué es y se parece al pan.
Hablamos de música y de dinero
hago el único gesto que hay para pedir la cuenta,
hablamos de amor y bronca
gente que responde:
«mi problema es tu boca»
cuando les dices que ahora no.

Nos indignamos juntos
canturreamos un reggaetón lejano
dejamos que el silencio nos vaya empujando
y nos despedimos en la bifurcación.

VÁMONOS CHICAS

Llorar en el gimnasio
escuchar un podcast sobre prostitución en Soundcloud,
¿puede haber algo más moderno?
Tirarse eructos y maldecir
en las clases grupales de tonificación
una especie de fiesta divertidísima de techno industrial
trastornos alimentarios
y divorciadas.
Todas decimos adiós y gracias
nos lamemos el sudor con la mirada
buscamos una ilusión
color flúor,
nos ponemos fuertes.

¿Cómo ganas tú el dinero?
¿Odias el ruido de tu nevera?
¿Por qué autopista la fuga?

ALGO tienen los ferris
un abatimiento vago.
El capitán es tan guapo
para ahogarse.
Nos avisaron del tiempo y el oleaje
¿qué esperar del mar?
«Por precaución pero sin peligro»,
dijeron
y subimos.
El capitán sonríe
dice tu nombre
cuando cruzas el umbral.
«Pueden salir afuera durante el trayecto»,
no se puede escapar.

El sol reflejado en el agua mansa:
un rezo.
La gente perdida
buscando el mejor asiento.

Me esfuerzo en parecer
lo suficientemente original
para que nadie ocupe mi lado,
quiero estar tranquila.

Las nubes a ras de mar
surcan el cielo.

CLARO que es a ti.
El cuchillo está de moda.
Me entusiasma fracasar.
Reconozco mis escapadas
—es cuando se sube solo el volumen y no hay mando.

He encontrado mi motivo
hacia dónde quieren mirar mis ojos,
el deseo.

No hay ropa que me vista del todo,
no puedo afirmar sin dudar.
Odio las tendencias
me rebelo sin sentido
me da rabia la muchedumbre
aunque luchen por lo mismo que yo.

Ahora entiendo
lo del crecimiento.
Hay otras familias
silbando nuestra melodía
me asomo a la ventana y no estáis.

Qué difícil abandonar
no prometer
matar un espacio.
Subir el interior del faro
y que no haya faro.
Un día nací
y parece que no ha pasado.
Los recuerdos se aparecen
intentando colocar una lección
pero nunca me da tiempo.
Necesito hablarlo
saber cómo se escucha
irme a casa usando una nueva palabra.

Hay alguien que todos los días
se sienta en el banco y mira.
Hay alguien que no tiene miedo de querer fuerte.
Hay alguien ansiando una ilusión.
Alguien comprando billetes de avión en el trabajo

claro que soy yo
planeando la fuga.

LO DE ABAJO/LO DE AFUERA

Si salgo por la ventana
y de un salto
perforo el suelo
quizá por fin pudiese encontrarme
con lo que hay abajo.

Gente que no necesita ojos
ni libros
ni zapatos
ni tampoco haber estudiado.

Abajo las arañas tejen cunas
para los sin ojos
cuando enferman
y las ratas vigilan el ruido
por si se escuchase sonido de ritmo humano.

Afuera hay historias de terror sobre lo de abajo
y abajo teme a afuera
y afuera teme a abajo
por no tener ojos, ni lenguaje
y dormir en telas de araña.

Si salgo de un salto por la ventana
y perforo el suelo
quizá por fin pudiese encontrarme
con el inicio de las palabras
con el primer verbo
y llevármelo arriba
al verbo y a su putrefacción
y ponerlo sobre la mesa para cenar.

Si perforo el suelo
quizá pudiese encontrar
el motor de mi lengua
para que deje de lijarme
el paladar
y toda la carne que compone mi boca.

Si perforo el suelo
de un salto
y llego abajo
quizá me faltasen formas
de volver arriba,
quizá el barro me pegase al suelo
y las arañas
me tejiesen el primer vestido de mi vida.

Puede ser
que mis ojos
viesen lo mismo que ven afuera
y que ya no los necesitase.
Puede ser
que perforase también el fango
y siguiese descendiendo
para no terminar nunca
de bajar
hasta abajo del todo.

DIBUJA algo que no se parezca a nada.
Tampoco a una tubería ni a una nube
una mota
es algo
una curva
un pliegue
una vibración:
algo.
Te colapsas.

Se nos da la palabra
para creer en algo,
todo fragmentado.
La disección del espacio público
aquí el árbol
por aquí se pasa
aquí el banco
aquí la policía
aquí más de un árbol
o sea un parque
aquí para beber
una fuente

aquí un bar
para beber pagando.

Se nos da la palabra
delimitando
lo que compone la vida
con fortificaciones invisibles.

El orden
nos crea ilusión de progreso
el control
nos crea ilusión de comunidad,
la ciudad.
Hay gente respirando a destiempo
tiraremos comida podrida esta noche
alguien no encuentra el título exacto de la canción
y por eso tampoco la bailará.

¿Dónde está la promesa?
¿Hacia dónde nos impulsamos?
¿Quién nos devuelve las palabras que olvidamos?

Dios no es para mí.
Nos quitarán también pasear.
Ahorro para esa lancha motora.

ÍNDICE ALFABÉTICO DE PRIMEROS VERSOS

ACABOSE DE IMPRIMIR
ESTA PRIMERA EDICIÓN DE
UNA LANCHA MOTORA,
DE SELI KA,
EL DÍA 23 DE ABRIL DE 2025,
ANIVERSARIO DEL NACIMIENTO
DE WILLIAM SHAKESPEARE

Todo el mundo es un escenario

All the world's a stage

LAUS DEO